L'EXIL

EMBARQUEMENT

de

MONSIEUR LE COMTE DE PARIS

EU – TRÉPORT

4 Juin 1886.

PHILIPPE, COMTE DE PARIS
Né à Paris, le 24 août 1838.

PHILIPPE, DUC D'ORLEANS

Né à Twickenham (Angleterre), le 6 février 1869.

LE DÉPART

POUR

L'EXIL

~~~~~~~~~

EU - TRÉPORT

24 JUIN 1886

PROTESTATION
DU
COMTE DE PARIS

Contraint de quitter le sol de mon pays, je proteste, au nom du droit, contre la violence qui m'est faite.

Passionnément attaché à la Patrie, que ses malheurs m'ont rendue plus chère encore, j'y ai, jusqu'à présent, vécu sans enfreindre ses lois. Pour m'en arracher, l'on choisit le moment où je viens d'y rentrer, heureux d'avoir formé un lien nouveau entre la France et une nation amie.

En me proscrivant on se venge sur moi des trois millions et demi de voix qui, le 4 octobre, ont condamné les fautes de la République, et l'on cherche à intimider ceux qui, chaque jour, se détachent d'elle.

On poursuit en moi le principe monarchique dont le dépôt m'a été transmis par Celui qui l'avait si noblement conservé.

On veut séparer de la France le chef de la glorieuse famille qui l'a dirigée, pendant neuf siècles, dans l'œuvre de son unité nationale, et qui, associée au peuple dans la bonne comme dans la mauvaise fortune, a fondé sa grandeur et sa prospérité.

On espère qu'elle a oublié le règne heureux

et pacifique de mon aïeul Louis-Philippe et les jours plus récents où mon Frère et mes Oncles, après avoir combattu sous son drapeau, servaient loyalement dans les rangs de sa vaillante armée.

Ces calculs seront trompés.

Instruite par l'expérience, la France ne se méprendra ni sur la cause, ni sur les auteurs des maux dont elle souffre. Elle reconnaîtra que la Monarchie, traditionnelle par son principe, moderne par ses institutions, peut seule y porter remède.

Seule, cette Monarchie nationale dont je suis le représentant, peut réduire à l'impuissance les hommes de désordre qui menacent le repos du pays, assurer la liberté politique et religieuse, relever l'autorité, refaire la fortune publique.

Seule, elle peut donner à notre société démocratique un gouvernement fort, ouvert à tous, supérieur aux partis et dont la stabilité sera pour l'Europe le gage d'une paix durable.

Mon devoir est de travailler sans relâche à cette œuvre de salut. Avec l'aide de Dieu et le concours de tous ceux qui partagent ma foi dans l'avenir, je l'accomplirai.

La République a peur : en me frappant elle me désigne.

J'ai confiance dans la France. A l'heure décisive je serai prêt.

EU, le 24 Juin 1886,

PHILIPPE,
Comte de Paris.

LE DÉPART POUR L'EXIL

AVANT LE VOTE DE LA LOI

Tandis que Monsieur le Comte de Paris et Madame la Comtesse de Paris, avec les princes de leur famille, assistaient, à Lisbonne, aux cérémonies du mariage de leur fille, la princesse Amélie, avec le Duc de Bragance, Prince Royal de Portugal, le ministre de la justice déposait sur le bureau de la Chambre des Députés le projet de loi d'expulsion dont le gouvernement de la République française prenait l'initiative.

Monsieur le Comte de Paris décida de se rendre, dès son retour en France, au château d'Eu, et d'y attendre, entouré de tous les siens, le résultat de la discussion qui allait s'ouvrir à la Chambre des Députés et au Sénat.

C'est dans ce château que depuis plus de dix ans, après un si long exil, Monsieur le Comte de Paris passait la plus grande partie de son temps, heureux de vivre dans cette France qu'il aime passionnément.

Le Prince avait retrouvé dans cette demeure de pieux et glorieux souvenirs. Sous la direction d'habiles artistes, il avait rendu au château d'Eu son ancienne splendeur, encouragé encore dans cette restauration par la pensée que ces travaux étaient une source de bien-être pour les ouvriers de la petite ville d'Eu. Aussi, Monsieur le Comte de Paris et sa famille se savaient-ils adorés dans cette contrée où lui et les siens se plaisaient à faire le bien.

Pendant les phases diverses que traversait la proposition de la loi d'exil, Monsieur le Comte de Paris et Madame la Comtesse de Paris voyaient leurs préoccupations s'aggraver par la maladie d'une de leurs filles, la princesse Louise, charmante enfant de cinq ans. La princesse Louise qui avait été souffrante à diverses reprises, l'hiver précédent, est tout à coup atteinte d'une fièvre scarlatine, qui se présente accompagnée de symptômes alarmants. Pendant plusieurs jours, le D\u1d63 Henry Gueneau de Mussy, l'ami dévoué des princes, ne cache pas les inquiétudes sérieuses que lui cause l'état de la princesse.

LE JOUR DU VOTE FINAL

La poste et le télégraphe apportaient depuis plusieurs jours les nombreuses marques de douloureuse sympathie de tous ceux qui prévoyant trop bien la fatale issue de la discussion, voulaient assurer, à ce moment même, le chef de la Maison de France, de leur respectueux et inébranlable dévouement.

Le duc de Chartres, accompagné de son fils, le prince Henri, était dès lundi venu s'installer au château et le prince de Joinville ne tardait pas à les rejoindre.

Alors que le Sénat accomplissait sa triste besogne, le mardi 22 juin, M. le duc d'Aumale quittait Chantilly et venait se mettre aux côtés de Monsieur le comte de Paris. Quelques amis fidèles, empressés arrivaient également de Paris tenant à se trouver près du prince à l'heure même où les nouvelles de la dernière séance du Sénat seraient connues au château.

Après le dîner où en dehors des membres de sa famille et des personnes appartenant à sa Maison, avaient pris place quelques amis intimes, Monsieur le Comte de Paris passa avec les princes et princesses et ses invités, parmi lesquels le général de Charette, MM. Lambert de Sainte-Croix, E. Hervé, dans la grande bibliothèque qui se trouve au premier étage de l'aile gauche du château.

Dans cette vaste pièce, en dehors des nombreux rayons tout couverts de livres, se trouve un fort beau portrait du père de Monsieur le Comte de Paris, le duc d'Orléans. C'est là que fureut apportées successivement les nombreuses dépêches qui annonçaient la clôture de la discussion, la mise aux voix du premier article, vote qui entraînait l'adoption du projet de loi tout entier.

LA FATALE NOUVELLE

Les dépêches au fur et mesure qu'elles arrivaient au château étaient remises à M. le marquis de Beauvoir qui les donnait à Monsieur le Comte de Paris. Le prince était assis entre ses oncles, le duc d'Aumale et le prince de Joinville, ayant en face de lui son frère, le duc de Chartres. Ce fut vers neuf heures et demie que parvint la dernière dépêche contenant le vote final; Monsieur le Comte de Paris la lit d'une voix profondément émue, puis il ajoute au milieu de l'émotion indescriptible qui s'était emparée de tous : « C'est fait, je partirai jeudi. »

Se tournant vers M. le duc d'Aumale il lui

tendit la main et le remercia de sa présence à Eu, en lui disant : « Mon oncle, je savais toute votre affection pour moi; mais je vous suis tout particulièrement reconnaissant de la preuve que vous m'en donnez par votre présence ici. »

« Tu ne peux pas t'en étonner, reprit M le. duc d'Aumale, ma place était près de toi, et tu sais bien que je serai toujours avec toi. »

Toutes les personnes présentes, qui, bien certainement n'oublieront jamais tous les détails de cette soirée, s'étaient levées ; pas un mot, pas une parole ne furent dits alors, tant l'on se sentait ému par la grandeur et la simplicité de ce Prince sachant noblement supporter le sort injuste et cruel.

Madame la Comtesse de Paris, faisant taire les angoisses de son cœur de mère, déclara son intention d'accompagner Monsieur le Comte de Paris, lors de son départ pour l'exil. Elle reviendra auprès de sa chère malade, après avoir accompli son devoir d'épouse fidèle et dévouée.

Au milieu de la tristesse générale, Madame la Comtesse de Paris, va à tous, donnant de bonnes paroles, ranimant les courages, excitant les espérances.

L'heure de se retirer étant venue, M. le duc d'Aumale, en voyant la figure énergique du général de Charette, toute bouleversée par les sentiments poignants qui étreignaient l'assistance, s'avance vers lui : « Ah! Charette, vous êtes un brave homme, vous me comprenez n'est-ce pas ? »

Que voilà bien deux cœurs de vaillants soldats faits pour s'entendre.

La nouvelle du vote de la loi ne tarde pas à se répandre dans la ville. Devant la grille du château stationnent un certain nombre d'habitants anxieux. Bien que l'on ne pût guère se faire illusion sur l'issue de la bataille qui s'était livrée en faveur de la liberté, l'annonce du vote final causa une sorte de stupeur.

Tous ces braves gens ne pouvaient croire que ces Princes si bons, si braves, allaient être frappés d'une peine aussi douloureuse que ce bannissement perpétuel, eux qui n'avaient qu'un tort, aimer trop ardemment la France et en désirer le relèvement glorieux.

ARRIVÉES ET RÉCEPTIONS DU MERCREDI

Les Compagnies du Nord et de l'Ouest, voient dès le matin les trains de leurs différentes lignes littéralement pris d'assaut par un nombre incalculable de voyageurs, qui tous viennent à Eu saluer, avant leur départ pour l'exil, Monsieur le Comte de Paris et son fils, M. le duc d'Orléans.

Les hôtels de la petite ville se trouvent bientôt envahis, puis les maisons particulières sont mises à contribution, tous les lits vacants sont pris, enfin un grand nombre des fidèles accourus sont forcés d'aller au Tréport et jusqu'à Dieppe gagner un gîte qui ne tarde pas à devenir fort difficile à trouver dans ces deux localités.

A la porte de la grille du château se pressent dès midi tous ceux qui veulent présenter au chef de la Maison de France le témoignage de leur respectueux dévouement. L'on contourne la pelouse qui s'étend devant le château; l'on pénètre dans la Salle des Chasses et, par un escalier tout

tendu de tapisseries, l'on arrive au premier étage,
dans la fameuse Salle des Guises.

Cette immense galerie dont les nombreuses
fenêtres s'ouvrent sur les deux façades principales
du château, tire son nom des portraits de tous les
princes de la famille de Guise qui couvrent ses murs.
En face du beau marbre représentant Jeanne d'Arc,
œuvre d'art dû au ciseau de la princesse Marie
d'Orléans, vers le milieu de la salle, se tiennent
Monsieur le Comte et Madame la Comtesse de Paris
ayant à leurs côtés le duc d'Orléans, la princesse
Hélène, le duc de Chartres, le prince Henri d'Orléans, le duc d'Aumale et le prince de Joinville.

M. de Chabaud-la-Tour, l'un des secrétaires du
prince, et M. le marquis de Beauvoir présentent les
visiteurs ; Monsieur le Comte de Paris a pour tous
un mot d'encouragement, une bonne parole, qui va
droit au cœur et y reste gravée.

Les députés ne devaient se réunir que le lende-
main au château, seule la députation du Nord rete-
nue le jeudi à Paris, par une discussion importante,
vient en corps présenter l'hommage de ses respec-
tueuses sympathies. M. Plichon, qui est chargé de
parler au nom de ses collègues, adresse un discours
ému auquel le prince répond par de nobles paroles
dont les dernières parviennent à tous les assistants :
« Ayez confiance, comme j'ai confiance, moi-même. »
Monsieur le Comte de Paris, voyant rouler des
larmes dans les yeux de ses amis, les console, leur
dit que, si pénible que soit cette séparation, elle
aura un terme ; puis il recommande une union plus
ferme que jamais de tous les membres du grand
parti conservateur.

Pendant près de trois heures défile devant les

princes une foule énorme venue des quatre coins de
la France. En dehors du château, sur la place située
devant la grille, un grand nombre d'habitants assistent à l'entrée et à la sortie de tous ces amis connus
et inconnus, nobles et bourgeois, qui viennent dans
un même élan se ranger aux côtés du chef de la
Maison de France. Les registres déposés dans la
loge du concierge se couvrent rapidement de signa-
tures innombrables. Ce n'est pas sans émotion qu'à
côté des noms célèbres de nos grandes familles,
nous voyons les paraphes de cultivateurs, d'ouvriers
et de pêcheurs. Des femmes sont là regardant tout
ce mouvement inusité, et comprenant le malheur
qui les frappe, pleurent et cachent leur visage
inondé de larmes.

LE *VICTORIA*

Monsieur le Comte de Paris, ayant décidé de
quitter la France, en s'embarquant au Tréport,
avait donné l'ordre de noliser un paquebot de la
ligne de Dieppe à New-Haven. Depuis deux
jours, un vent violent souffle du large, et l'on
craignait que le vapeur n'eût de la peine à entrer au Tréport, dont le bassin est peu profond.
Depuis le matin, cependant, le *Victoria* y est
amarré ; ce bateau, sous pavillon anglais, est
commandé par le capitaine Stubbs. Il mesure
62 mètres de long et jauge 315 tonneaux ; il a deux
mâts et deux cheminées ; il est à roues, et possède
une machine fort puissante pour ses dimensions
relativement restreintes.

Curieux rapprochement, Monsieur le Comte de
Paris doit s'embarquer pour l'exil à l'endroit même

où quarante ans auparavant, descendant de son yacht royal, la reine Victoria venait d'Angleterre rendre visite à la France. Le roi Louis-Philippe recevait dans ce même château d'Eu la souveraine du Royaume-Uni.

MARQUES DE SYMPATHIES

Durant toute cette journée, Monsieur le Comte et Madame la Comtesse de Paris reçoivent de toutes les parties de la France une véritable montagne de télégrammes et de lettres, témoignages touchants de l'émotion pénible de tous ceux qui, ne pouvant se rendre à Eu, ont voulu du moins rendre aux futurs exilés un suprême hommage.

LES MESURES DE POLICE

Le gouvernement qui, à Decazeville, n'a pas su maintenir l'ordre et a laissé assassiner M. Watrin sans tenter d'envoyer un seul gendarme à son secours, a déployé ici toutes les ressources que lui assurent la gendarmerie, la police et l'armée.

Dès mercredi, toute la gendarmerie des environs est consignée tant au Tréport qu'à Eu ; le capitaine qui commande le détachement réuni ici vient de faire une si fâcheuse chute de cheval, devant la grille du château, qu'il s'est brisé la jambe. Monsieur le Comte de Paris envoie un de ses secrétaires, à deux reprises, prendre des nouvelles du malheureux officier.

Du reste, lors des diverses réceptions qui se succèdent, tant par lui que par ses amis, le Prince recommande à tous ceux qui assisteront au départ de rester calmes et d'éviter de prendre part à des manifestations qui pourraient être organisées par des agents provocateurs dont on a remarqué depuis quelques jours les démarches et les allures louches.

LA MATINÉE DU JEUDI

Le vent qui soufflait durant toute la soirée de la veille en tempête, et donnait même de sérieuses appréhensions sur la possibilité de sortir du port avec le *Victoria*, est complètement tombé dans la nuit, et un radieux soleil éclaire la dernière matinée que Monsieur le Comte de Paris doit passer en France, avant son départ pour l'exil.

Dès six heures du matin, une messe est dite dans la chapelle du château par Mgr Freppel, évêque d'Angers. Monsieur le Comte de Paris et Madame la Comtesse de Paris y assistent, avec M. le duc d'Orléans, Mme la princesse Hélène, M. le duc de Chartres, M. le prince Henri d'Orléans, M. le duc d'Aumale, M. le prince de Joinville, M. le duc d'Alençon, arrivé de la veille et toutes les personnes faisant partie de la Maison du prince.

Les cloches retentissaient joyeusement dans le clocher de l'église paroissiale située en face du château; c'était, en effet, jour de fête pour l'Eglise, qui célébrait la Fête-Dieu et la première communion des enfants de la ville. Voulant, même en ce moment si triste pour eux, donner une dernière preuve de sympathie à ceux qu'ils allaient quitter, Monsieur le Comte de Paris et Madame la Comtesse de Paris, avec leurs enfants le duc d'Orléans et la princesse Hélène, se rendent alors à

l'église, au milieu de tous ces braves gens re-
cueillis.

ADIEUX DES SERVITEURS

En rentrant au château, vers neuf heures, les
princes se rendirent dans la grande galerie des
Chasses, où commencèrent alors les adieux du
personnel du château. Successivement défilent tous
ces loyaux et braves serviteurs, les gardes, avec
leurs costumes bleu de ciel, et tout le reste des
gens de la Maison. Bien des larmes coulent, mon-
trant quel attachement et quel respect ils nour-
rissaient tous au fond du cœur pour leur maître,
qu'ils ne reverront peut-être plus d'ici longtemps.

LE DIRECTEUR DE LA SURETÉ GÉNÉRALE AU CHATEAU

Vers dix heures se faufilant dans la foule qui
commence à affluer devant la grille. M. Levaillant,
le Directeur de la Sûreté générale, pénètre subrep·
ticement dans le château et demande à parler à
Monsieur le Comte de Paris. Le Prince prévoyant
quelque démarche de ce genre avait désigné l'un de
ses secrétaires, M. le Comte d'Haussonville, pour
recevoir toute communication de l'autorité.

M Levaillant fut donc contraint de renoncer à voir
le Prince et assez penaud déclare à M. d'Haussonville qu'il était chargé d'une mission offi-
cieuse de la part de M. de Freycinet. En raison de
l'état de santé de la Princesse Louise, le président
du conseil, croyant de la sorte faire preuve du savoir-
vivre le plus exquis, faisait savoir à Monsieur le

Comte de Paris qu'il était tout disposé à accorder un délai de quelques jours si le Prince en exprimait le désir.

— Je connais assez la pensée de Monseigneur, répond M. le Comte d'Haussonville, pour n'avoir point besoin de lui faire part de cette proposition. Monsieur le Comte de Paris ne demande de faveur à personne et ne saurait en accepter. Monsieur le Comte de Paris et M. le duc d'Orléans partiront donc aujourd'hui à l'heure fixée.

—Nous avons pris des mesures pour l'ordre ajoute le directeur de la sûreté, et si vous le désirez je me tiens complètement à votre disposition pour faire évacuer les abords du quai d'embarquement.

— C'est affaire au Gouvernement de maintenir l'ordre, répond M. le Comte d'Haussonville, si la police croit utile de prendre des précautions. Cela ne saurait en rien regarder le Prince qui ne demande nullement son assistance.

GÉNÉREUSE ILLUSION

Dans son compte rendu de la séance du Sénat, un journal de la région, avait reproduit le texte de la loi en altérant légèrement la teneur de l'article 4, aussitôt, M. le duc de Chartres et son fils le prince Henri d'Orléans, se prennent à espérer encore et croient a une possibilité pour le jeune Prince de continuer ses examens pour l'Ecole militaire de Saint-Cyr. Tous savent, en effet, combien le Prince Henri désirait entrer dans cette armée française où son père le duc de Chartres a laissé le durable souvenir de sa bravoure et de ses brillantes qualités militaires.

On raconte à ce sujet l'histoire suivante : A la dernière partie de l'admissibilité pour Saint-Cyr qui consiste en épreuves écrites se trouvait parmi les jeunes aspirants, le Prince Henri d'Orléans. Il prit place à côté d'un camarade venu de province ignorant qui il était. Celui-ci le voyant un peu troublé et comme hésitant à commencer son travail, l'ex-horta à prendre courage.

En effet, dit le Prince, le sujet que nous avons a traiter est beau : la France au-delà des mers ! Et se mettant à l'œnvre, il achève rapidement sa composition. Au repos qui suivit, le Prince dit à son compagnon : « Vous m'avez vu hésitant, découragé! C'est que cette composition qui pourtant me parlait taut au cœur, je l'ai faite probablement pour rien. Et pourtant avec quelle joie j'ai parle, de tout ce glorieux passé e. des si nombreux exploits qui constitueni l'histoire des colonies de notre cher pays. » « Mais si vous avez avez écrit tout ce que vous me dites, avec ce feu, cette ardeur, vous êtes reçu, votre composiƗion est parfaite.» Hélas, riposta en soupirant le Prince, quand même, je ne serai point admis, et disant le nom qu'il portait il ajouta « vous êtes bien heureux, vous aurez l'épaulette, vous servirez dans l'armée française, c'etait mon unique désir. » Et les yeux remplis de larmes, le Prince tendit alors la main à ce camarade d'un moment qui n'était pas moins ému que lui.

Hélas! les dépêches apportent le véritable texte de la loi, et le jeune prince est obligé de renoncer à tout espoir, cette fois-ci du moins il n'aura pas encore cet inuforme français si noblement porté par son père, Robert le Fort, à l'heure du péril national.

LES DERNIÈRES RECEPTIONS

A onze heures, les grilles devant le château son ouvertes, sur plusieurs tables sont placés des registres sur lesquels viennent s'inscrire la foule des personages de tout rang qui s'empressent d'assister à la réception d'adieu du Prince.

Pour permettre à toute la population d'approcher une dernière fois et de saluer ceux que l'on appelle à vingt lieues à la ronde les bienfaiteurs du pays l'on a décidé que cette dernière réception aurait lieu en plein air.

Le long de la façade du château qui regarde le Tréport et la mer, devant un magnifique parterre à la française, ombragé d'arbres centenaires et bordé de massifs de rosiers éblouissants, sur un vaste perron viennent prendre pluce Monsieur le Comte et Madame la Comtesse de Paris, M. le duc d'Orléans, la Princesse Hélène, le duc de Chartres, le prince Henri d'Orléans, le duc d'Aumale, le prince de Joinville, le duc d'Alençon.

Autour des Princes se groupent toutes les personnes attachées à leur Maison et les amis les plus intimes.

Le défilé commence, et dure pendant près de deux heures. Avec un calme et un ordre parfait toute cette foule d'amis obscurs inconnus, s'approche et vient apporter son tribut d'hommages respectueux à ce Prince que tous ont appris à chérir à aimer.

Monsieur le Comte de Paris, Madame la Comtesse de Paris, tendent à tous la main, et il est touchant de voir ces braves géns, dont un grand nombre en blouse s'approcher tout tremblants, les yeux remplis de larmes et presser avec émotion ces mains qui leur sont si affectueusement données. On ne peut rappeler malheureusement bien des incidents émouvants qui se produisent, bien des paroles vibrantes qui s'échangent; mais c'est un spectacle qui ne s'oubliera pas dans ce pays et qui portera ses fruits La princesse Hélène avec sa grâce si charmante et le duc d'Orléans dont on remarque avec plaisir, la bonne mine et la mâle allure serrent également avec empressement toutes ces mains tendues vers eux. On songe avec tristesse à ce jeune prince, qui, dans un âge, ou l'on ne s'occupe que de jeux ou d'études, va faire le dur apprentissage de la vie et connaître les amertumes de ceux qui sont sans patrie.

Les princes reçoivent après cette foule respectueuse et attendrie tous les sénateurs et les députés royalistes sauf quelques-uns d'entre eux, qui n'avaient pu, par suite d'indisposition, assister au départ de leur chef. Monsieur le Comte de Paris leur adresse ses adieux, leur dit qu'il s'éloigne, contraint, forcé, de sa chère patrie, mais qu'il ne cessera un seul jour de travailler au bonheur et à la gloire de la France. Ces fières et nobles paroles prononcées avec feu produisent une émotion profonde parmi tous les représentants du pays.

AVANT LE DÉPART

Le moment approchait et les princes s'apprêtaient à prendre le chemin de l'exil, quand un grand nombre d'ouvriers, de femmes et d'enfants qui n'avaient pu encore être reçus demandent la faveur de les voir une dernière fois. Le défilé interrompu un moment recommence donc, mais il est peut-être plus émouvant que les réceptions précédentes. Madame la Comtesse de Paris, qui s'était contenue jusque-là, ne peut retenir ses larmes en serrant toutes ces mains amies et dévouées. Un ouvrier dit en s'essuyant les yeux « Je suis plus heureux que ce pauvre prince, je rentrerai chez moi ce soir. » Un grand nombre de marins du Tréport étaient venus avec leurs femmes et leurs enfants, qui baisaient les mains de Madame la Comtesse de Paris.

LE DÉPART DU CHATEAU

A deux heures, après avoir fait leurs adieux à leurs enfants, à M. le duc d'Aumale, à M. le prince de Joinville et à M. le duc d'Alençon, Monsieur le Comte de Paris et Madame la Comtesse de Paris quittent le château d'Eu, accompagnés de M. le duc d'Orléans et de M. le duc de Chartres. Le long des allées qui mènent du château à la grille, sur la place au dehors, ainsi que sur les marches de l'église et la terrasse qui l'entoure, tous les habitants s'étaient groupés, et tête nue, attendaient le passage des voitures, qui allaient conduire jusqu'au Tréport les exilés et leurs compagnons.

Dans la première voiture se trouvaient Monsieur le Comte de Paris et Madame la Comtesse de Paris, ayant devant eux le duc d'Orléans et le duc de Chartres. Puis venaient sept autres voitures emmenant les principales personnes de la suite des princes, ainsi que quelques-uns de leurs amis intimes.

DU CHATEAU AU TRÉPORT

Les voitures prennent la route du Tréport. Sur leur passage, tout d'abord aucun cri ne se fait entendre, tant l'émotion étreint tous ces braves gens, dont les figures couvertes de larmes expriment seules la douleur qu'ils éprouvent en voyant partir les princes. Les chapeaux, les mouchoirs s'agitent et l'on suit des yeux aussi loin que l'on peut les voitures qui s'éloignent rapidement. A plusieurs reprises, des ouvriers dans les champs abandonnent leurs travaux, accourent et crient « Au revoir, Monseigneur! »

La route magnifique qui mène au Tréport traverse cette belle propriété que le prince s'était complu à embellir en la dotant de tous les perfectionnements et les embellissements de l'agriculture la plus moderne et la plus intelligente. Tous les changements opérés dans ces dernières années étaient l'œuvre personnelle du Prince, dont l'activité incessante lui permettait d'organiser et de surveiller tous les détails.

L'EMBARQUEMENT

Pendant que Monsieur le Comte de Paris et sa suite se dirigent vers le Tréport, une foule énorme se masse depuis plusieurs heures tout autour du bassin dans lequel chauffe le paquebot *Victoria*.

Près de 20,000 personnes avaient pris place sur les quais, aux fenêtres des maisons et des hôtels, partout, en un mot, d'où l'on pouvait espérer voir le départ.

Le service d'ordre était fait par les brigades de

gendarmerie de la ville et des environs, par le 24ᵉ de ligne et par des douaniers.

Un espace libre avait été réservé sur le quai pour laisser passer Monsieur le Comte de Paris et sa suite. Auprès de la passerelle par laquelle il devait s'embarquer sur le bateau, avaient pris place les sénateurs, les députés et les représentants de la presse.

Tous les autres assistants entouraient le bassin comme s'ils avaient pris place dans un immense cirque.

A deux heures et demie précises, avec cette exactitude qui est la politesse des rois, la voiture de Monsieur le Comte de Paris, marchant en tête du cortège, apparaît au fond du cirque, devant l'hôtel d'Angleterre, et s'engage sur ce pont qui conduit au quai d'embarquement.

A ce moment, un silence solennel se fait dans la foule. Tous les cœurs sont serrés, tous les yeux se tournent vers le point par lequel arrive le prince.

Les voitures, après avoir contourné le bassin, viennent s'arrêter en face du bateau.

Monsieur le Comte de Paris, en redingote noire boutonnée, avec un chapeau haut de forme, descend de sa voiture, s'engage sur la passerelle et va prendre place sur le pont de la *Victoria*.

Au moment précis où il met le pied sur le bateau, le pavillon national aux trois couleurs monte leutement au haut du grand mât, et, s'abaissant par trois fois, salue le descendant des rois de France.

A la vue du drapeau national, les acclamations éclatent. On crie : « Vive le Comte de Paris ! »

Dès que le silence se fait, le prince soulève son chapeau, salue d'abord le drapeau et ensuite la foule, et crie d'une voix forte : « Vive la France! »

Autour de lui ont pris place : Madame la Comtesse de Paris, le duc d'Orléans, le duc de Chartres et son fils aîné, le prince Henri ; le duc de Noailles, le duc de la Trémoille, le marquis d'Harcourt, le comte d'Haussonville, le marquis de Beauvoir, Mme la vicomtesse de Butler, dame d'honneur de Madame la Comtesse de Paris, MM. le comte de la Ferronnays, le comte Olivier de Bondy, de Chabaud-la-Tour, Saint-Marc-Girardin, Aubry-Vitet, marquis d'Audiffret-Pasquier, de Saporta, M. Camille Dupuy, secrétaire particulier du prince, M. Froment, précepteur du duc d'Orléans.

En outre, Monsieur le Comte de Paris, n'oubliant ni le titre qu'il porte, ni la ville où il est né, a invité spécialement à l'accompagner jusqu'en Angleterre M. Calla, ancien député de Paris, et MM. Gamard, Cochin, Despatys et Dufaure, conseillers municipaux de Paris.

Trois ou quatre autres personnes parmi lesquelles M. le baron V. de Noirfontaine et M. de Léris avaient par faveur spéciale été autorisées à suivre les princes jusqu'à Douvres, et complétaient les passagers qui prirent place sur le *Victoria*.

Au moment où Madame la Comtesse de Paris prend place à côté du prince, on lui présente des bouquets qui viennent d'être envoyés par quelques amis fidèles désireux de voir les exilés emporter sur la terre étrangère des fleurs de France.

Ces bouquets arrivés quelques instants avant onsieur le Comte de Paris et sa suite ont été cueillis par les acclamations de la foule tout entière.

La passerelle est retirée ; le bateau commence à déraper lentement. Les cris de : « Vive le Comte de Paris ! » redoublent. Ils prennent le caractère d'une ovation enthousiaste.

Le Comte de Paris très ému adresse à la foule ces mots: « *Au revoir, à bientôt.* »

Le bateau commence à s'éloigner lentement, obligé de s'arrêter de temps en temps par suite de la difficulté de sortir du port à un moment où la marée n'est pas encore tout à fait haute. Les assistants veulent le suivre jusqu'au dernier moment. Ils se pressent le long du quai et se dirigent jusqu'à l'extrémité de la jetée en poussant les cris vingt fois répétés: « Vive la France ! Vive le Comte de Paris ! Vive le roi ! Au revoir, à bientôt ! »

Les acclamations ne s'arrêtent que lorsque le bateau, sorti du port, a pris la mer, faisant toujours flotter au haut du grand mât les couleurs nationales.

Au moment où le bateau prend la haute mer, le pavillon tricolore s'abaisse trois fois pour saluer la terre de France.

On raconte dans la foule qu'on a offert au Comte de Paris d'arborer un drapeau de soie portant outre les couleurs nationales les armes de sa maison, et qu'il a répondu : « Non, rien que la France, rien que le drapeau français. »

Après le départ, un grand silence se fait ; tout le monde est dans le recueillement, la foule s'écoule lentement, le vide se fait dans ce vaste espace si animé un instant avant.

Un mot courait dans toutes les bouches, exprimant l'impression produite par cette scène émouvante dans sa simplicité. On disait: C'est un départ royal. — « Oui, a répondu quelqu'un, mais il faut aussi que le retour soit royal. »

EN MER

Monsieur le Comte de Paris ne peut détourner les yeux du rivage de cette France dont on veut le chasser à jamais. Ayant autour de lui Madame la Comtesse de Paris, le duc d'Orléans, le duc de Chartres et le prince Henri, le Prince demeure immobile admirant au loin le féerique spectacle de ces deux jetées s'avançant dans la mer couvertes d'une foule agitant des mouchoirs en signe d'adieu et dont l'éloignement empêche d'entendre les acclamations et les cris. Un dernier *au revoir, à bientôt,* retentit aux oreilles surprises des exilés, c'est le pilote qui quitte le bord et les rameurs qui le ramènent à terre dans une petite chaloupe ont voulu une dernière fois pousser ce cri d'espérance.

Le temps est magnifique, mais la mer est restée houleuse et le vapeur qui s'avance rapidement, roule assez rudement par moment. Soixante dix milles séparent le Tréport de Douvres, mais le « Victoria » sous toute vapeur fait près de dix-sept nœuds à l'heure. La terre ne tarde pas à disparaître à l'horizon.

LA LECTURE DU MANIFESTE

Monsieur le Comte de Paris invite alors ses compagnons à descendre dans le grand salon qui se trouve à l'arrière du vapeur et leur annonce qu'il va leur communiquer la protestation qu'il a cru de son devoir d'adresser au peuple français. Les mesures sont prises pour qu'elle soit connue demain par toute la France.

Personne même dans l'entourage intime du prince ne connaissait cette protestation qui écoutée dans un religieux silence produit un effet énorme.

A la voix chaude et vibrante du Prince tous sentent renaître en leurs cœurs et le courage et l'espérance.

L'ARRIVÉE A DOUVRES

A sept heures un quart, malgré une mer assez forte le *Victoria* arrive en vue de Douvres et longe la jetée monumentale. Les couleurs françaises sont aussitôt hissées au haut du sémaphore pour rendre hommage aux exilés. Les bateaux en rade arborent également le pavillon français.

Nous arrivons bien avant l'heure annoncée ; la foule est néanmoins très considérable : Monsieur le Comte de Paris est acclamé et accueilli par trois formidables hourrahs.

Le maire de Douvres et sa femme, qui tient à la main un bouquet, s'avancent les premiers sur la passerelle du bateau. Le maire adresse au prince un discours de bienvenue et ajoute que les habitants de Douvres lui expriment leurs sympathies au milieu des circonstances qui l'obligent à venir sur la terre étrangère.

Monsieur le Comte de Paris répond en anglais : « Je vous suis très reconnaissant de me souhaiter la bienvenue au moment où mon cœur vient d'être déchiré en quittant le sol de la patrie.

«Ma famille à plusieurs reprises et moi, pendant

vingt ans, nous avons éprouvé la loyauté de votre hospitalité. J'en gardé une profonde reconnaissance.

« Ce qui me touche au-delà de tout, c'est de voir ces drapeaux français que vous avez hissés à ces mâts ; ils parlent à mon cœur comme vos chaleureuses acclamations. »

Aussitôt après le maire de Douvres, M. et Mme Alexandre Lambert Sainte-Croix, avaient pénétré sur le bateau : c'est d'eux que Monsieur le Comte de Paris reçoit le premier salut français sur la terre étrangère.

Les princes et leur suite se sont rendus au Lord Warden Hôtel, où ils resteront quelques jours avant de se rendre à Tunbridge-Wells.

LE DRAPEAU DU PRINCE

Alors qu'il s'apprêtait à quitter l'hôtel pour reconduire Madame la Comtesse de Paris au bâteau qui doit la ramener en France par Calais, le Prince entrant dans le salon qui lui était réservé en ressort aussitôt et appelant Madame la Comtesse de Paris, et le marquis d'Audiffret-Pasquier qui se trouvait là, les invite à le suivre dans cette pièce. Là, le Prince leur montre sans pouvoir ajouter une parole tellement il est ému, un grand drapeau français qui couvre de ses plis aux trois couleurs un canapé placé au milieu du panneau du salon. Ce drapeau était ce même pavillon qui durant toute la traversée avait flotté à la pomme du grand mât du vapeur et que le capitaine Stubbs par une attention bien touchante était venu apporter en l'absence du prince. Monsieur le Comte de Paris saisit le drapeau et la voix entrecoupée de larmes, s'écrie :

« Voilà tout ce qui me reste de ma chère France, mais je l'y rapporterai ! »

Madame la Comtesse de Paris prend alors un des bouquets qui avaient été déposés sur le bateau au moment du départ et le place au pied du drapeau.

DÉPART DE DOUVRES DE MADAME LA COMTESSE DE PARIS

Madame la Comtesse de Paris inquiète de la santé de la princesse Louise malgré le déchirement que lui causait une séparation en de tels moments, avait hâte de se trouver au chevet de la chère malade.

Madame la Comtesse de Paris encore toute émue quitte Lord Warden Hôtel avec Monsieur le Comte de Paris suivi de son fils le duc d'Orléans, du duc de Chartres, du prince Henri d'Orléans et de tous ceux qui l'avaient accompagnée.

M. le duc de Chartres rentre aussi en France laissant son fils le prince Henri pour quelques jours près du jeune duc d'Orléans. Monsieur le Comte de Paris, voit donc commencer pour lui l'exil dans les conditions les plus pénibles, et une douloureuse séparation doit terminer pour lui cette journée si remplie déjà d'épreuves et d'émotions.

Devant ce vapeur qui chauffe et qui va tout à l'heure emporter loin du Prince, Madame la Comtesse de Paris, cette noble compagne, ce frère brave et dévoué et ses amis fidèles, ceux qui vont partir et ceux qui restent sur la terre étrangère comprennent en un moment tout ce que cette loi d'exil a de cruel.

Ce matin au départ de France, les adieux qui

essemblaient aux adieux d'un peuple à son roi, avaient consolé pour un moment les cœurs en les remplissant de l'enthousiasme ardent dont toute cette foule amie était animée; mais ce soir, sur cette jetée, au milieu de ces étrangers, le déchirement de la séparation s'imposait dans toute sa rigueur.

Monsieur le Comte de Paris fit ses adieux à tous et trouva encore de bonnes paroles pour chacun puis après avoir tendrement embrassé Madame la Comtesse de Paris, serré une dernière fois la main du duc de Chartres, le Prince, remonta tristement avec trois ou quatre amis fidèles sur l'estacade au bas de laquelle est amarrée la Malle qui s'apprête à partir. Madame la Comtesse de Paris presse contre son cœur, le duc d'Orléans qui va rejoindre son père.

Le vapeur s'éloigne alors et les quelques français qui retournent en France crient une dernière fois : A bientôt Monseigneur! » Pendant quelques instants encore on peut distinguer, se profilant sur le ciel, la haute silhouette du Prince immobile, suivant aussi longtemps qu'il le peut les feux de ce bateau qui, plus heureux que lui, fait route pour la France.

DEUX ARTICLES

Le 25 juin, au moment où était publiée la pro-testation de Monsieur le Comte de Paris, les deux articles suivants ont paru, l'un par M. Paul de Cassagnac, dans l'*Autorité;* l'autre par M. Edouard Hervé, dans le *Soleil :*

Nous ne sommes pas royalistes, et nous ne pour-rions nous rallier à la royauté que si la volonté natio-nale la désignait ou la consacrait.

Nous avons donc notre liberté complète pour juger la protestation de Monseigneur le Comte de Paris.

Eh bien! nous la trouvons ce qu'elle devait être, c'est-à-dire énergique, résolue, empreinte au plus haut degré de ce caractère d'autorité qui manquait jusqu'à présent aux manifestations de la Royauté constitu-tionnelle.

Il y a là un homme, il y a là une volonté.

Et c'est ce dont la France a surtout besoin en cette heure solennelle de danger social.

Cela vaut mieux que tous les parchemins, que toutes les prétentions héréditaires.

Se plaçant naturellement à son point de vue parti-culier, Monseigneur le Comte de Paris met en avant son droit; c'est vrai, mais le devoir le suit de près, l'accompagne, et on sent qu'au besoin il pourrait e précéder.

Les deux prétendants ont parlé.

Ce n'est pas à nous, c'est à la France de choisir.

Paul de Cassagnac.

L'HÉRITIER

Elle est exécutée, l'odieuse mesure qui arrache du sol de la France le premier de tous les Français. Hier, le comte de Paris, après avoir fait arborer les couleurs nationales au grand mât du bateau qui était venu le chercher, a traversé la mer.

L'exil est commencé : il sera court.

Oui, l'exil sera court : nous en avons pour gage le mouvement d'opposition qui va sans cesse grandissant contre un gouvernement violent parce qu'il est faible, et les trois millions et demi de votes conservateurs qui, bientôt, se changeront en six millions de votes monarchiques.

Nous en avons pour gage le concours de tant de bons citoyens venus pour saluer l'exilé à la veille ou au moment de son départ, et les sentiments de tous ceux qui, dans l'impossibilité de participer matériellement à cette manifestation, s'y sont associés par le cœur.

Nous en avons pour gage, enfin, la parole virile par laquelle le Comte de Paris termine sa protestation.

Il est prêt pour l'heure décisive. Il a confiance dans la France : elle aura confiance en lui. Elle sent déjà et chaque jour elle sentira davantage qu'en dehors de la Monarchie qui se personnifie en lui, elle ne trouvera pas le repos dont elle a besoin après tant d'agitations.

Pour réconcilier les diverses fractions de la grande famille française, séparées par de longues discordes, il fallait être en mesure de donner à chacune d'entre elles la satisfaction à laquelle elle tient le plus.

Il fallait représenter en même temps la monarchie ancienne et la monarchie nouvelle : par conséquent il fallait être à la fois le successeur du comte de Chambord et le continuateur de Louis-Philippe.

Il fallait pouvoir rallier en même temps les républicains désabusés et les impérialistes découragés ; par conséquent il fallait avoir à la fois le sens de la démocratie et le sentiment de l'autorité.

Ces conditions qui semblaient presque inconciliables, le Comte de Paris les réunit toutes. Il est donc impossible de ne pas voir que l'avenir de la France est là.

Nos adversaires le voient comme nous. C'est pour cela qu'ils sont irrités ; c'est pour cela qu'ils frappent, c'est pour cela qu'ils proscrivent.

Quand un gouvernement approche de sa fin, il y a toujours en vue un homme, une famille ou un système politique qui se trouve désigné pour recueillir la succession.

L'héritage de la République va s'ouvrir. Or, parmi tous ceux qui pensent, parmi tous ceux qui prévoient, il n'est personne qui, en regardant le chemin parcouru depuis trois ans par le Comte de Paris et la situation hors de pair qu'il occupe aujourd'hui, ne se dise : L'héritier, le voilà !

La République n'a pas seulement cessé depuis longtemps d'être conservatrice : elle s'est mise dans l'impossibilité de le redevenir.

Les honnêtes gens ont besoin d'être défendus. Ils savent qu'ils seront abandonnés, à l'heure du danger, par un gouvernement qui ne sait jamais que capituler devant les mauvaises passions. Ils se détournent de lui.

La France veut l'ordre. La République ne peut plus le lui garantir. La Monarchie le lui assurera.

Edouard Hervé.

LOI DE PROSCRIPTION

Le Sénat et la Chambre des députés ont adopté,

Le président de la République promulgue la loi dont la teneur suit :

Article premier. — Le territoire de la République est et demeure interdit aux chefs des familles ayant régné en France et à leurs héritiers directs, dans l'ordre de primogéniture.

Art. 2. — Le gouvernement est autorisé à interdire le territoire de la République aux autres membres de ces familles. L'interdiction est prononcée par un décret du président de la République, rendu en conseil des ministres.

Art. 3. — Celui qui, en violation de l'interdiction, sera trouvé en France, en Algérie ou dans les colonies, sera puni d'un emprisonnement de deux à cinq ans. A l'expiration de sa peine, il sera reconduit à la frontière.

Art. 4. — Les membres des familles ayant régné en France ne pourront entrer dans les armées de terre et de mer, ni exercer aucune fonction publique ni aucun mandat électif.

La présente loi, délibérée et adoptée psr le Sénat et par la Chambre des députés, sera exécutée comme loi de l'Etat.

Fait à Paris, le 22 juin 1886

JULES GREVY.

Par le président de la République :
Le garde des sceaux,
ministre de la justice,
DEMOLE.

Le ministre de l'intérieur,
SARRIEN.

Loi insérée dans le *Journal officiel* du 23 Juin 1886.

LES PROSCRIPTEURS

M. Jules Grévy, président de la République.

M. de Freycinet, sénateur, ministre des affaires étrangères, président du Conseil.

M. Develle, ministre de l'agriculture.

M. Lockroy, député, ministre du commerce et de l'industrie.

M. Sadi-Carnot, ministre des finances.

M. le général Boulanger, ministre de la guerre.

M. Goblet, député, ministre de l'instruction publique et des cultes.

M. Sarrien, député, ministre de l'intérieur.

M. Demôle, ministre de la justice.

M. l'amiral Aube, ministre de la marine.

M. Granet, député, ministre des postes et télégraphes,

M. Baïhaut, député, ministre des travaux publics.

LES PROSCRIPTEURS

SÉNAT

SÉNATEURS INAMOVIBLES

Berthelot, professeur de faculté.
Campenon (général), ancien ministre.
Carnot.
Cazot, (Jules), ancien présiden de la Cour de cassation
Clamageran, ancien ministre.
Corbon.
Cordier.
Deschanel, professeur au collége de France.
Didier, (Henri), conseiller à la Cour de cassation.
Dietz-Monnin.
Farre (général), ancien ministre.
Frébault (général).
Grévy (Albert), frère du Président.
Humbert, ancien procureur général.
Macé (Jean).
Peyron (amiral)
Rampont, ancien directeur des postes.
Scheurer-Kestner.
Schœlcher.
Testelin, ancien préfet.

LES PROSCRIPTEURS

SÉNATEURS NOMMÉS PAR LES DÉPARTEMENTS

(Le chiffre qui se trouve à la suite du nom de chaque département indique le nombre des sénateurs élus par ce département.)

AIN (3). — **Mercier, Goujon, Morellet.**

AISNE (3). — **0.**

ALLIER (3). — **Bruel, Chantemille.**

BASSES-ALPES. — **Soustre, Bouteille.**

HAUTES–ALPES. (2). — **Guiffrey** (Georges).

ALPES–MARITIMES (2(. — **Chiris.**

ARDÈCHE (3). — **Chalamet, Pradal.**

ARDENNES (2). — **Peronne.**

ARIÈGE (2). — **Frézoul, Vigarosy.**

AUBE (2). — **Tézenas.**

AUDE (2). — **Lades-Gout, Marcou.**

AVEYRON (3). — **0.**

BOUCHES-DU-RHONE. (3). — **Challemel-Lacour, Velten, Barne.**

CALVADOS (3). — **0.**

CANTAL (2). — **Cabanes.**

CHARENTE (2). — **0.**

CHARENTE-INFÉREURE (3). — **Mestreau, Barbedette, Combes.**

CHER (2). — **Peaudecerf, Girault.**

CORRÈZE (2) — **Lecherbonnier.**

CORSE (2). — **0.**

COTES-D'OR (2). **Mazeau.**

COTES-DU-NORD (4). — **0.**

CREUSE (2). — **Parry, Laroche.**

DORDOGNE (3). — **Garrigat, Dusolier.**

DOUBS (2). — **Oudet. Gaudy.**

DROME (2). — **Fayard, Loubet.**

EURE (2). — **0.**

EURE-ET-LOIR (2). — **0.**

FINISTÈRE (4). — **0.**

GARD (3). — **Meinadier** (colonel).

HAUTE-GARONNE (3). — **Camparan.**

GERS (2). — **0.**

GIRONDE (5). — **Lur-Saluces** (comte de), **Dupouy, Issartier. Callen, Caduc.**

HÉRAULT (3). — **Combescure, Griffe.**

ILLE-ET-VILAINE (3). — **Roger-Marvaise, Le Bastard.**

INDRE (2). — **0.**

INDRE-ET-LOIRE (2). — **Guinot.**

ISÈRE (3). — **Eymard-Duverney, Couturier, Marion.**

JURA (2). — **Thurel. Grévy** (général).

LANDES (2). — **0.**

LOIR-ET-CHER (2). — **Bozérian, Dufay.**

LOIRE (3). — **Chavassieu, Brossard.**

HAUTE-LOIRE (2). — **Lafayette** (de), **Vissaguet.**

LOIRE-INFÉRIEURE (4). — **0.**

LOIRET (2). — **0.**

LOT (2). — **Beral, Verninac** (de).

LOT-ET-GARONNE (3). — **Faye, Laporte.**

LOZÈRE (2). — **0.**

MAINE-ET-LOIRE (3). — **0.**

MANCHE (3). — **0.**

MARNE (2). — **Le Blond.**

HAUTE-MARNE (2). — **0.**

MAYENNE (2). — **0.**

MEURTHE-ET-MOSELLE (2). — **Marquis.**

MEUSE (2). — **Develle.**

MORBIHAN (3). — **0.**

NIÈVRE (2). — **Tenaille-Saligny, Massé.**

NORD (5). — **Massict du Biest, Faidherbe** (général), **Merlin, Fournier** (Casimir).

OISE (3). — **0.**

ORNE (3). — **0.**

PAS-DE-CALAIS (4). — **Huguet, Demiautte.**

PUY-DE-DOME (4). — **Salneuve, Guyot-Lavaline, Goutay.**

BASSES-PYRÉNÉES (3). — **Plantié.**

HAUTES-PYRÉNÉES (2). — **0.**

PYRÉNÉES-ORIENTALES (2). — **Arago, Escarguel.**

HAUT-RHIN (1). — **0.**

RHONE (4). — **Millaud, Guyot, Munier, Perras.**

HAUTE-SAONE (2). — **Noblot.**

SAONE-ET-LOIRE (3). — **Guillemaut** (général), **Demôle, Mathey.**

SARTHE (3). — **Cordelet, Rubillard, Le Monnier.**

SAVOIE (2). — **Parent, Carquet.**

HAUTE-SAVOIE (2). — **Chardon, Chaumontel.**

SEINE (5). — **Peyrat, Tolain. Freycinet** (de), **Martin** (Georges), **Songeon.**

SEINE-INFÉRIEURE (4). — **0.**

SEINE-ET-MARNE (2). — **Dufraigne.**

SEINE-ET-OISE (3). — **Maze, Journault.**

DEUX-SÈVRES (2). — **Bergeon, Garan de Balsan.**

SOMME (3). — **Dauphin, Frédéric Petit.**

TARN (2). — **0.**

TARN-ET-GARONNE (2). — **0.**

VAR (2). — **Ferrouillat, Brun** (Charles).

VAUCLUSE (2). — **Gent, Naquet.**

VENDÉE (3). — **0.**

VIENNE (3). — **0.**

HAUTE-VIENNE (2). — **0.**

VOSGES (3). — **George.**

YONNE (2). — **0.**

CONSTANTINE (1). — **Forcioli.**

ORAN (1). — **Jacques.**

ALGER (1). — **Mauguin.**

GUADELOUPE (1). — **Isaac.**

MARTINIQUE (1). — **Michaux.**

LA RÉUNION (1), — **Milhet-Fontarabie.**

INDE-FRANÇAISE (1). — **0.**

LES PROSCRIPTEURS

DÉPUTÉS

Le chiffre placé à la suite du nom de chaque département indique le nombre de députés élus par ce département

AIN (6). — **Giguet, Pochon, Pradon, Tondu, Philipon, Ducher.**

AISNE (8). — **Sandrique, Turquet, Ganault, Béranger, Dupuy, Ringuier, Lesguillier, Hannoteaux.**

ALLIER (6). — **Preveraud, Mathé, Simonet, Aujame, Labussière.**

BASSES–ALPES (3). **0.**

HAUTES-ALPES (3). — **Chaix, Ferrary.**

ALPES–MARITIMES (3). — **Rouvier.**

ARDÈCHE (6). — **Vielfaure, Clauzel, Deguilhem, Saint-Prix, Boissy-d'Anglas.**

ARDENNES (5). — **Gobron, Fagot, Jacquemart, Corneau.**

ARIÈGE (4). — **Pons-Tande, Sentenac, Lasbaysses.**

AUBE (4). — **Baltet.**

AUDE (5). — **Marty, Turrel, Théron, Wickersheimer.**

AVEYRON (6). — **0.**

BOUCHES–DU-RHONE (8). — **Peytral, Granet, Leydet, Pelletan, Chevillon, Hugues-Clovis.**

CALVADOS (7). — **0.**

CANTAL (4). — **Bastid, Lascombes, Chanson.**

CHARENTE (6). — **0.**

CHARENTE-INFÉRIEURE (7). — **Delmas.**

CHER (6). — **Brisson, Pernolet, Mellot, Lesage, Pajot.**

CORRÈZE (5). — **Vacher, Labrousse, Dellestable, Borie, Brugeilles.**

CORSE (4). — **Susini** (de), **Ceccaldi.**

COTE-D'OR (6). — **Dubois, Joigneaux, Carnot, Leroy, Spuller, Lévêque.**

COTES-DU–NORD (9). — **0.**

CREUSE (4). — **Nadaud, Cousset, Lacote, Cornudet.**

DORDOGNE (8). — **Chavoix, Brugère, Lamothe-Pradelle.**

DOUBS (5). — **Viette, Bernard, Ordinaire, Gros, Beauquier.**

DROME (5). — **Maurice-Faure, Chevandier, Madier de Montjau, Richard, Bizavelli.**

EURE (6). — **Papon.**

EURE–ET–LOIR (4). — **Maunoury.**

FINISTÈRE (10). — **0.**

GARD (6). — **Bousquet, Jamais, Desmons. Crémieux·**

HAUTE-GARONNE (7). — **Constans** (Germain), **Abeille, Duportal, Calès.**

GERS (4) **0.**

GIRONDE (11). — Cazauvielle, Faure (Fernand), Laroze (Léon), Obissier-Saint-Martin, Monis, Laroze (Alfred), Gilbert, Raynal, Steeg.

ILLE-ET-VILLAINE (9). — 0.

HÉRAULT (7). — Salis, Vernière, Ménard-Dorian, Galtier, Razimbaud, Deandreis.

INDRE (5). — 0.

INDRE-ET-LOIRE (5). — Rivière, Wilson, Belle, Joubert.

ISÈRE (9). — Guillot, Buyat, Dubost, Rivet, Saint-Romme, Durand-Savoyat, Bovier-Lapierre, Rey, Lombard,

JURA (5). — Gagneur. Poupin, Bourgeois.

LANDES (5). — Léglise, Boucau, Jumel, Loustalot, Sourignes.

LOIR-ET-CHER (4).—Jullien, Deniau, Sonnier (de) Tassin.

LOIRE (9). — Reymond, Levet, Audiffred, Reuillet, Crozet-Fourneyron Bourganel, Duché, Imbert, Laur.

HAUTE-LOIRE (5). — Dupuy, Binachon, Saint-Ferréol (de), Ramillet-Charretier.

LOIRE-INFÉRIEURE (9). — 0.

LOIRET (6). — Bernier, Devade, Cochery (Adolphe) Cochery (Georges), Viger.

LOT (4). — 0.

LOT-ET-GARONNE (5). — Fallières, Deluns-Montaud, Leygues, Mondenard (de).

LOZÈRE (3). — Pelisse, Jourdan.

MAINE-ET-LOIRE (8). — 0.

MANCHE (8). — 0.

MARNE (6). —**Margaine, Faure** (Hippolyte), **Guyot,** (Paul), **Blandin, Mennesson, Thomas-Derevoge**.

HAUTE-MARNE (5). — **Danelle-Bernardin, Bizot de Fonteny, Dutailly.**

MAYENNE (5). — **0.**

MEURTHE-ET-MOSELLE (6). — **Noblot, Viox Munier, Duvaux, Cordier.**

MEUSE (5). — **Buvignier, Royer, Develle, Liouville.**

MORBIHAN (8). — **0.**

NIÈVRE (5).—**Turigny, Hérisson, Laporte** (Gaston) **Ducoudray, Berger.**

NORD (20). — **0.**

OISE (6). — **0.**

ORNE (6). — **0.**

PAS-DE-CALBIS (12). — **0.**

PUY–DE-DOME (9). — **Barrière, Laville, Gaillard** (Gilbert), **Guyot-Dessaigne, Duchasseint, Chantagrel, Blatin.**

BASSES–PYRÉNÉES (6). — **0.**

RAUTES–PYSÉNÉES (4). — **0.**

PYRÉNÉES-ORIENTALES (3). — **Vilar, Brousse**

HAUT-RHIN (2). — **0.**

RHONE (11). —**Balluc, Thiers, Marmonier, Million, Chavanne, Thevenet, Lagrange, Guillaumou, Burdeau, Rochet, Jacquier.**

HAUTE-SAONE (5). — **Baïhaut, Versigny, Noirot.**

SAONE-ET-LOIRE (9). — **Sarrien, Guillemaut, Lacretelle** (de), **Loranchet, Simyan, Prudon. Magnien.**

SARTHE (7). — **Leporché, Cavaignac, Legludic.**

SAVOIE (4). — **Horteur, Blanc** (Pierre), **Carret, Roche** (Jules).

HAUTE-SAVOIE (4). — **Duval** (César), **Folliet, Ducroz, Levrey.**

SEINE (38) — **Lockroy, Allain-Targé, Cantagrel, Farcy, Lanessan** (de), **Forest, Raspail, Brelay, Mathé, Casse, Lacroix** (Sigismond), **Delattre, Bourneville, Révillon** (Tony), **Lafont, Villeneuve, Laisant, Hérédia** (de), **Dreyfus, Yves Guyot, Michelin, Roque** (de Fillol), **Pichon, Hude, Labordère, Maillard, Millerand, Douville-Maillefeu** (de), **Achard, Brialou, Frébault, Gaulier.**

SEINE-INFÉRIEURE (12). — **Dautresme, Ricard, Trouard-Riolle, Lyonnais, Duvivier.**

SEINE-ET-MARNE (5). — **Lefebvre, Gastellier, Montant, Humbert.**

SEINE-ET-OISE (9). — **Barbe, Remoiville, Jouvencel** (de), **Colfavru, Hubbard, Vergoin, Barré, Périllier, Mortillet** (de).

DEUX-SÉVRES (5). — **La Porte** (de), **Proust** (Antonin), **Jouffrault, Richard** (Georges).

SOMME (8). — **Goblet.**

TARN (6). — **Jaurès, Compayré, Héral, Cavalié, Lavergne** (Bernard).

TARN-ET-GARONNE (4). — **Lasserre.**

VAR (4). — **Maurel, Clémenceau, Daumas.**

VAUCLUSE (4). — **Gaillard, Michel.**

VENDÉE (7). — **0,**

VIENNE (5). — **0.**

HAUTE-VIENNE (5). — **Périn** (Georges), **Lama-zière, Ranson, Pressat.**

VOSGES (7). — **Brugnot, Ferry** (Jules), **Ferry** (Albert), **Poulevoy** (Frogier de).

YONNE (5). — **Rathier, Dethou, Deguyot.**

ALGER (2). — **Letellier, Bourlier.**

CONSTANTINE (2). — **Thomson, Treille.**

ORAN (2). — **Etienne, Sabatier.**

COCHINCHINE (1). — **0.**

LA GUADELOUPE (2). — **Gerville-Réache, Sar-lat.**

GUYANNE (1). — **Franconie.**

INDES-FRANÇAISES (1). — **Alype** (Pierre).

LA MARTINIQUE (2). — **Hurard, Deproge.**

LA RÉUNION (2). — **Dureau de Vaulcomte, Mahy** (de).

SÉNÉGAL (1). — **0.**

LISTE des personnes qui se sont rendues au château d'Eu ou au Tréport pour saluer Monseigneur le Comte de Paris avant son embarquement.

SÉNATEURS

MM. Ancel, général d'Andigné, Audren de Kerdrel, duc d'Audiffret-Pasquier, Baragnon, Blavier, Bocher, de Béjarry, Lucien Brun, Buffet, de Bondy, de Carné, Chesnelong, Clément, Denormandie, Delsol, Delbreil, Dumon, Espivent de la Villeboisnet, Gandineau, Halna du Fretay, Halgan, Kolb-Bernard, Lacave-Laplagne, de Lareinty, Lacombe, de la Sicotière, de la Monneraye, Leguay, Leguen, Libert, de Montaignac, Paris, Pouyer-Quertier, de Raismes, de Ravignan, général Robert, Soubigou, de Tréveneuc, amiral Véron.

DÉPUTÉS

MM. A. Adam, comte de l'Aigle, d'Aillières, Barascud, Barouille, Beaucaire-Leroux, de Baudry-d'Asson, de Belizal, de Benoit, Bergerot, Bigot, de La Biliais, Blin de Bourdon, de Bonneval, Boreau-Lajanadie, Bottieau, Boucher, Bourgeois, de Breteuil, Briet de Rainvillers, Louis de la Bassetière, Caradec, Cazenove de Pradines, de Champvallier, de Châtenay, Caron, Chevalier, Chevillotte, Cibiel, De Clercq, de Cornulier, Creuzé, Deberly, Delclis, Delisse, Descaure, Destandau, amiral de Dompierre-d'Hornoy, Du Bodan, marquis d'Estourmel, Fairé, Mgr Freppel, général de Frescheville, baron Gérard, Godet de la Ribouillerie, Hillion, Jonglez, comte de Juigné, Keller, de Kergariou, de Kermenguy, de Kersauson, de La Batie, de Laborde-Noguez, vicomte de Labourdonnaye, de La Ferronnays, de La Martinière, de Lamarzelle, de Lamberterie, comte de Lanjuinais, Larère, de Largentaye, de La Rochefoucauld duc de Bisaccia, de La Rochette, Leblanc, Lecointre, Lecour, Lefebvre-Pontalis, comte de Legge, **Legrand** de Lecelles, prince de Léon, Le Roy, vicomte de Lévis-Mirepoix, Lerois, comte de Luppé, baron de Mackau, comte de Maillé, comte de Martimprey, Martin d'Auray, Léon Maurice, Maynard de La Claye, Merlet, Du Mesnildot, de Montety, Morel, comte de Mun, Pain, Saulnier, marquis de Partz, Piou, Paulmier, colonel de Plazanet, Plichon, baron Reille, de Rosamel, Roussin, de Saint-Luc, vicomte de Saisy, Serph, Sevaistre, de Soland. Gaston Sabouraud, Taillandier, comte de Terves, Thellier de Poncheville, Trubert, marquis de Vaujuas Langan, Conrad de Witt.

MM. le président Alexandre, Maurice Aubryat, comte d'Albiouse, C. d'Aubigny, G. d'Avenel, comte d'Angély, marquis d'Aramon, Alix, comte d'Antioche, Agnellet frères, d'Auray, Anisson-Duperron, Ch. Ayies, E. Alleaume, Abel, Juliette Achard, L. Achard, marquis d'Arneguy, Virginie Arville, baron et baronne d'Alcochette, M. Aubryet, Léon Angliviel de la Beaumelle, Parfait Agnellet, Julien Agnellet, Henri d'Arbigny, Victor Ansart, Fernand Auber, comte d'Antioche, Asseline, Albert Arnal, baron d'Alt, Albert Alliou, Natalis Acoulon, H. d'Arbigny de Chalus, vicomte d'Amphernet, Auger, Aubertot, conseiller général; E. d'Aubigny, Pierre Aubart, Austreberte Cobert, Aubilloy, comte d'Angely, d'Aligny, Adolphe Amat.

MM. L. de Boutières, comte Ch. de Brissac, commandant Bois, vicomte de Balaincourt, vicomte Benoist-d'Azy, L. Beaurain, R. de Brignac, comte de Barthélemy, marquis de Breteuil, G. Boirenault, comte de Blagny, vicomte de Blagny, Ferdinant Beau, Paul Blache, comte Adalbert de Bagneux, Léon Bouchet, Simon Boubée, G.-L. de Birac, Henry Bompard, Henry de Bouvir, de Bayard du Lys, de Boismilon, Paul Bidault; R. de Beauregard, baron G. de Boutran, Lucien du Bos, prince de Broglie, Dominique de Barral, vicomte Frédéric de Beaumont, ministre plénipotentiaire; M. et Mme Bessières d'Istrie, baron et baronne Augustin de

La Barre de Nanteuil, Paul Buffet, A. de Belina, vIcomte de Bréon, G. de la Boussondière, J. Bourgeois, marquis de Beaumont, vicomte de Blagny, M. et Mme Auguste Boucher, vicomte G. de Beaussier, de Beaumini, baronne de Bicquilly, Boistel de Dieuval, comte Bruno de Boigelin, L. de la Brière, vicomte de Broc, comte de Béon, baron de Bonnault, comte Maurtce de Breda, comte Robert de Breda, comte de Barthélemy d'Hastel, Alfred de Borda, comte de Boury, Bigot, Edouard Bocher, de Beuges, marquis̄de Bellemayre, Bompard, Barrachin, Blin de Bourdon, baron Claude de Barante, Bivault, marquis Costa de Beauregard, L. Birac, Henry Bro de Comères, Brun, Broussin, L. Bouileur, Jules Blondel, Bailly, agriculteur; Bellard, Boelt, Brion, Jules Berquez, Joseph Berquiez, Bon, Léon Bonchet, Blanger, baron J. A. de Bernon, J. Blatham, E. Bellanger, Bertauld, petit employé du faubourg Saint-Antoine et sa famille, Bonnel, Eug. Bouillard, Boullenger, Benoît, Bernard Boulté, baron Benoist, comte de Bastard; ancien sous-préfet de Dieppe, Auréline Boutry, veuve Bordé; Beauvisage, Bochot, Blanco-Fourdiniée, veuve Broussin; Claire Bronssin, de Blangermont, veuve Blouet; Henri Borel, Mme Armand Bapst, Ch. Brière, Boutté, Mme Buffet, Bouhey, Bessières d'Istries, Baudelocque, Balancourt, comtesse de Balancourt, Bosquillon de Jenlis, secrétaire d'ambassade honoraire; Auguste Bruilly, Octave Bruilly, G. Brunet, Guillaume Blot, Blanchet, comte de Bourgoing, Henry Beguery, A. Boinet, E. Borain, Bray, E. de Beugny d'Hagerive, Berlier de Vauplane, Ch. Burton, de Baillard du Lys, docteur Blache, F. Baillot, de Bons d'Hédicourt, maire; René de Becquincourt, Ch. Bertin, avocat; Ch. Becquel, Henri Birrin, G. Boisrenoult, comte de Blagny, vicomte de Blagny, Dumesnil, Léopold Bourdoue, Henri Bordé, Boisse Adrian, vicomte Frédéric de Beaumont, ministre plénipotentiaire; Bigot, ajusteur; Antoine Beauchamps, Bisson de la Roque, R. de Brignac, marquis de Biron, Louis Boucher, A. Barré, Boutellier, Stanislas Benoit, E. de Beaurepaire, A. Boussion, ancien président à la cour d'appel d'Orléans; comte Beugnot, V. Bortel de Dienval, A. Bortel de Dienval, baron de Bonnault, baron Baude, E. Buttura, docteur Buttura, comte Bois, Achille Bornet, G. Bouté, ouvrier, V. du Bled; Stanislas Brugnon; marquis de Belleval, Octave de Bretyel, Blanche, Paul Baroux, Bellenger, Brohan, Amédée Beau, Ferdinand Beau, de Boismelon, vicomte de Bréen, G. de la Boussardière, Barbé C. Balal, baron du Blaisel, Georges Berry, comte Fernand de Beaufranchet, vicomte Guy de Beaufranchet, Bachelier, A. Bezuel d'Esnevalle vicomte de Broc, Barbaron, L. Boulnois, A. Brand, E. Braquebays, notaire; G. Boisvenoult; Brunet, Henri Blomeron, rédacteur en chef de l'*Abeille de la Creuse;* Dominique de Barral, Blanchet, directeur de la sucrerie de Beauchamps, comte de Brosses, baron de Behr, ancien préfet; Bentin, baron Borel de Bretazel, Briffard, comte de Bourry, Eugène Beuve, l'abbé Ch. Becquet; Bouché, maçon; Baromesnil, A. M. de Belina, comte Beugnot.

MM. le général et marquise de Charette, vicomte de Champeaux-Verneuil, comte Caffarelli, comte de Castries, Henry de Cardonne, Denys Cochin, comte de Chabot, Cardon, M. et Mme Calla; Clifford Millage, correspondant du *Daily Chronicle;* marquis et marquise de Compiègne, vicomte et vicomtesse de Charancey, Georges Calmann Lévy, César Caire, Henry Brod de Comères, docteur Caron de la Cande, Alf. Carteron, A. Choupot, marquis Costa de Beauregard, Henri de Chezelles, Paul Coppinger, Alf. Cramail, comte Gabriel de Castries, Adhémar de Cacheleu, vicomte Jules de Clercy, Robert de Cugnon d'Alincourt, comte de Chaumont-Quitry, marquis de Chaponay, E. Clair Guyot, Gustave Chabret du Rieu, R. de Crossy, comte de Chabannes, baron de Chonne, Henry Cochin, vicomte de Champagny, docteur Canivet, A. Couturier, de Claye, baron Gordon de Sandrans, marquis de Chambray, Choppin, ancien préfet de police; R. Calvet-Besson, Roque Calvet-Besson, Henri de Chizelles, Caroul, E.

Cailleux, Gédéon Chaud, Michel Carreau, L. Cartelot, docteur Caron de la Lande, A. Choupot, B. Charpentier, Oscar Caffre, Ernest Courbe, Cresson, H. Castonnet des Fosses, vicomte de Charagnac, Louis des Coustures, A. de Claye, E. Chéron, Alfred Caron, Carpentier, veuve Chantre, vicomtesse de Charancey, marquise de Compiègne, Coffre, Octavie Carreaux, de Chambesse, Mlle de Chambesse, E. Cottan, E. Chivat, Florentine Cauchois, Caulle, repasseuse; Regina Claquette, Joséphine Courtel, Christina, Carette, de Chambenez, Mlle de Chambenez, Ceniez, vétérinaire; Clabaut, Céleste Cailleux, veuve Joseph Chanterelle, comtesse de Carré de Bellemare, Fanny de Chabat, Eugénie de Chabat, E. Cottau, E. Chivot, Maurice de Chanteau, comte H. Chapouny, général Chantéclair, Georges de Chambine, baron de Chaune, Hyacinthe Chauffard, Albert Choppin, René Choppin, Henry de Cardonnel, Dubois de Chedebien, C. Chachoin père, E. Cauchon, Cauchon fils, E. Crevet, Henry Cochin, Paul Chardin, J. M. Capet, Cauchois, Cartes, Counil-Gel, Cannes, Caillot, Castelot, comte de Chabannes, Ludovic de Carné, Crégny, Conseil Ruphin, comte Roger de Chanaleilles, Chagot, Gaston Caullet, comte E. de Chabat, Crépin, huissier; Créquillion père, Edouard Créquillion, Coulon, G. Cloquette, Jos. Carré, Gaston Chabret du Rieu, H. Chantrel, M. Chantrel, E. Cognais, docteur Canivet, E. Corsangel, Denis Couriol, Collesson, ancien adjoint au maire du 19ᵉ arrondissement; Tony Conte, ministre plénipotentiaire; de Chatenay, Léon Crouy, marquis de Chambray, P. Cazalis de Fondoux, Louis Cartier, A. Charpentier, menuisier, Jules Cardane, Et. de Chazelle, Guillaume Carrière, E. de Champvallier, A. F. Cordange père, R. de Croisy, le P. Chapotin, A. Cortillio, V. Castelet, Caillent-Lefay, Capval, comte H. Aymer de la Chevalerie, Coudaux, Croisier, P. Chantrel, de Clercy, Coquelin, A. Canet, marquis de Casaux, docteur Coutan, inspecteur des bains au Tréport.

MM. Amiral de Dompierre d'Hornoy, Dubois, ancien député; Dubois d'Angers, Ernest Dumarest, Merveilleux-Duvigneaux, Depeyre, général Depeyre, F. Dubrulle, A. Drouard, Desgranges, Demarcy, baron Decazes, Joseph Denais, Alph. Deville, L. Dutailly, P. Dareste, Delpon de Vissec, ancien préfet; Anisson Duperron, Dumouriez, Pierre-Paul David d'Angers, Charles Dupuy, Mme de Denolly, Mme Dubois de l'Isle, Daussy, Despatys, Dufaure, général Ducrot, F. Duval, ancien préfet de la Seine; Pierre Dareste, Desbiendras, David, agriculteur; Degogeine, A Dumouchel, Delabié, L. Deligny, E. Deligny, Alphonse Deville, Ernest Degroisille, Siméon Douay, Dupré, Ch. Delattre, Dembas, Gustave Dégardin, Jean Delignières, Defond, étalier; A. Desombre, A. Dufrien, E. Dufrien, Delhomel, Delabre, Marthe Delamotte, Débuquet, Emilienne Devilly, Léon Dufour, Drouard, Doudet, Angelina Duhamel, Juliette Dumont, Marthe Derossigny, Delabarre, Dupont, Doublot, de Denolly, Charlotte Douet, Defacque, Paul Dentin, Rosa Debonne, Deviller, Adolphine Delorson, Elise Devez, Marie Dumas, J. Dumas, Emile Danten, l'abbé Dupuis, Damoisy, Ch. Darmet, E. Deton, A. Devallais, Frédéric Dorman, Dubuc, A. Dupuis, Adolphe Dubois, avocat; Demarcy, F. Dubosq, Daregniez, A. Deneuville, Z. Deneuville, Gustave Depoilly, cafetier; L. Dupont, Deliegny, cultivateur; Afred Delcourt, Em. Debroguelle, A. Desallais, Jules Dasin, Raullais, A. Duvivier, Delesque, du *Nouvelliste de Rouen;* Dubloc Eugène Dupin, Philippe Dupin, baron Decazes, vicomte Decazes, marquis de Dion, Damois, pharmacien; Delpuech, Denauville, E. Demazier, G. Dourpoint, Dinal, Dumas, directeur de l'Orphéon; Arthur Dajout, Paul Dalmenesche, Louis Duhamel, cultivateur; Eugène Deletoile, Damet Daverne, Debrontelle, Duputel, Ernest Detti, docteur Debacker, Duneufgermain, A. Donchet, E. Donchet, Emile Dolique, P. Delossicult, Alfred Depoilles, Dechesdin, Dauzel, d'Aumont, ancien conseiller général; Derbigny, Adolphe Dubos, avocat; Charles Dezanneau.

MM. baron Jules Evain, Victor Edou, Gautier d'Embretville, comte d'Esterno, baron René d'Estaintot,

Esaancelin, Escarbatin, le comte Christian d'Elva,
Errd, maçon; Euris.

Mme la comtesse. de Franqueville. MM. le marquis
de Flers, P. Cazalis de Fondouce, Formon, rédacteur
au *Standard*, Fouchard, Ant. Faure, comte de Fresne,
Jean de Franqueville, baron de Fougères, F. Ferari,
marquis de la Ferronnays, douairière, comte et comtesse de la Ferronazs, duc de la Force, D. de Frayssine,
comte de Froidefond de Forges, de Fouquières, commandant de Fleury, de Frezals, baron et baronne de
Fonscolombes, Mlle Aline Forestier, comte François
de la Forest-Divonne, E. Forestier, Antoine Faur, baron
de Fisquet, Fontaine, A. Florimon, 2e vicaire à Eu,
A. Fournier, Blanche Fournier, Frézard, Eléonore Fré-
zard, Constance Fournier, François, Rosalie Fouqueux,
Henriette Fleury, veuve Farre, Adolphine Fricourt,
Suzanne Fournier, Delphine Flament-Mignot, Blanche
Fourdrinier, Frédéric Fabrège, comte de Fresne, R. de
Ferry, marquis de Fournès, Alfred Ferment, James
Flandforth, baron de Fougères, Foire, Ernest Freté,
Hilaire Foucambert, Numa Flonet, conseiller muni-
cipal; Gustave Fournier, de Fourtou, vicomte de
Foucault, A. Fleuriot, G. Ferney, François Ferrari,
L. Flerle, Franchet, d'Esperey, D. Fourrier, de Fleury,
de Frezals, le comte de Flavigny, J.-B. de la Flotte,
A.-R. de la Flotte, A. des Franges, Freyburger, Bar-
nabé Ferrand, comte Ferrand Le Gonidec, Foblant,
Léon Fautrat, Famichon, cultivateur, Louis Freyer,
François Festé, Edouard Flutre, Fouchambert, J. Fé-
ramus, Fréchon Armieux, Fréchois, Farsure.

MM. Edouard Grimblot, Paul de Girard, comtesse de
Gramedo, M. et Mme Manuel de Gramedo, G. de Gérard, général Guillemin, de Grilleau, C. de Gessler,
J. Grout, ancien député; G. Genevoix, général comte
de Geslin, marquis de Galard, comte de Galard,
comte de Grollier, Godelle, ancien député; marquis de
Ginestous, M. et Mme de Gallye, comte Raoul de Gontault-Biron, comte Stanislas de Gontault-Biron, comte
de Gironde, comte de Ganay, Gamard, Albert Gigot,

ancien préfet, Guillaume Guizot, Gavard, ancien ministre plénipotentiaire, G. Genevoix, comte de Guersand, Grandsaire, Ch. Gourdain, A. Godquin, comte de Gramont d'Asten, comte Emmanuel de Gony d'Aroy, baron du Gabé, ancien préfet, Louis Gély, Félix Guatelle, P. Grandsire, le général et Mme Guillemin, Philomène Gaudry, Malvina Gourdain, H. Gréau, de Galtye, veuve Guert, Ed. Guérin, E. Gris, Fernand du Gronie, Gracié-Doublet, de Gromard, Gibon, Marie Goudré, Blanche Grancamp, de Guilebon, née de Bretazet, Jeanne Groux, M. et Mme de Grilleau, H. Gally, Paul de Girard, Henri Gréau, ancien magistrat, Albert Gillou, comte de Geffre de Chabrignan, de Gromard de la Servière, Ferdinand Goldsmith, William Guinet, A. Gée, Grandsar, C. Guérard, Arthur Giffard, Guilliard, marquis de Grandvilliers, de Galtye et sa famille; A. Gauthier, Edouard Grimblot, Grossaert, Grausert, Vincent Gapenne, Grandbert, des Granges, D. Gaillac, Gavelle, Gudin, messager; E. Grémaille, Guignon, Ch. Guenard, V. Guenard, docteur Guigeot, Raoul de Giromard, comte de Gemaux, Gaston Galempoix, Joseph Gigot.

MM. Edouard Hervé, Handfeldt, d'Hocquélus, docteur Horteloup, baron Ch. de Hümann, Oscar Havard, E. Hauteur, Eug. Houel, docteur Paul Hélot, baron et baronne Hulot, Houdaille de Railly, Edmond de Moué d'Hédicourt, Jules Hunebelle, Georges Huillard, Emile Hébert, Hottinguer, Georges Hincelin, à Mantes, Hardy, G. d'Hauteserve, baron d'Hunolstein, Paul Hinfray-Langlois, Mlle Jeanne Hinfray, H. Hortense, H. Henri, Juliette Henstreaux, Hecquet, Vve Hénin, bouchère; Hautin, vicomte Ernest d'Hardivilliers, Hautbout, Berthe Hollerith, Juliette Heurtevent de Blangy, Eugénie Houlé, Hesse, Hove, J. Handforth, G. d'Hervilly, Gabriel Houdant, Philippe Hardouin, Maurice Hachette, O. Hecquet, Hecquet-Bacquet, E. Haudeboust, Léon Hétroz, Huyard, Ch. de la Haie de Cherville, marquis de Hullecourt, Félix Hautrechy, Léopold Hautrechy, Holtz, serrurier; Heding, Henri Houlé,

Hanon, Hochart-Tellier, épicier ; Paul Hardin, d'Harlay, comte Jacques d'Hamon, Haudrique, Aristide Hay, vicomte du Hamel, F. Le Harivel, Hedin, Léon Hommey, Louis d'Hurcourt, E. Handebourg, Hativet, Hetelier, baron de Heïmann, Emile Halbourg, d'Hocquelies.

MM. le comte René des Isnards, d'Imbleval de Romesnil, l'abbé D. Isnard.

MM. le baron de Jouvencel, ancien député ; baron R. de Jouvencel, Janicot, de Jouvenel, ancien préfet ; d'Idevilte, ancien préfet, Joseph Joubert, Jumile Evrard, de Joantho, O. de Kainlis, Arsène Jacquepré, Céline Julien, baronne de Kinkelm, veuve Imbes, A. Jonteur, ancien magistrat ; Céline Jumel d'Imbleval de Romesnil, André Joubert, Victor-Edmond Joly, Jumines, Michel Jacquemin, Nathaniel Johnston et ses fils, Emile Jullien, A. Jouteux, ancien magistrat.

MM. M. de Kermaingant, baron de Kinskeiin, comte Florian de Kergorlay, comte R. de Kersaint, vicomte de Kernet.

MM. Ch. Lacroix, général Léris, Mlles Leconte, de Largentaye, Stepgen Leech, comte Robert du Luart, L'Homme-Chevin, Leclerc, cordoneier ; Leroux, M. et Mme Lemarchand, comte de L'Espinasse-Langeac, vicomte de L'Espinassè-Langeac, comte Adhemar de Lusignan, Léonce de La Valleye, baron de Layre, Lefébure, Donatien Levesque, marquis de Laguiche, marquis de La Rochejacquelein, vicomte de Lupel, baron Le Feuvre, Dick de Lonlay, baron Gustave de Lestrange, baron de Léry, Georges de Lhormel, comte Roger de Levaulx, baron Tristan-Dambert, M. Lee Childe, marquis de Lore, comte de Lambertie, J. du Lac, baron de Lamartinière, Mme Lacave-Laplagne, Ad. Lanne, A. Le Landais et ses fils, G. de l'Etoile, baron Paul de Lamberterie, Legrand de Lecelle. de Ladoucette, ancien député ; La Chambre, ancien député ; Limbourg, ancien préfet ; duchesse de La Rochefoucauld-Bisaccia, Legrand de Villers, régent de la Banque de France ; Georges Leroy, A. Lhuillier, Le Bœuf, Lefébure, Mme èt Mlle Laloue, Abel Laboulais,

Lugarre, Lugand, Levratte, comte Laizer, Lottin, Louis-
Philippe Lephay, Lemaire, à Eu ; A. Lefebvre, Mlle Lecomte, Leprêtre, Lemonier, Adolphine Louvet, Langlois, veuve Labarre, baronne E. de Ladoucette, Lemarchand, Lecomte, H. Leroux, Stéphanie Lettre, Marie Lemaire-Duponchel, Lemaire-Duponchel, armateur ; Lebourg, Florine Lecomte, Augustine Laurent,
Lemarquant, Letellier, Adrien Léon, Florentin Laurent, Landrieu, Langlacé, au Tréport ; Mlle Marie Legrand, Hélène Laudet, Pauline Leroux, Léonie Lé-
toffée, Lathier-Bréard, Elise Lefort, Latapie, Marie
Lecomte-Dutertre, Augustine Laudin, baron Albert Le
Feuvre, A. Leron ; Levasseur, horloger ; baron Langs-
dorff, Lefort, boulanger ; Louis Lerin de Bonne, Ch. Le-
zanneau, duc de Lorge, marquis de Lara, J. de Lam-
burcy de Lorgne, docteur Le Bec, chirurgien de l'hô-
pital Saint-Joseph ; Ernest Levoir, Ch. La Chambre,
Lormier, Henri Lorin, Jules Labitte, Leclerc, cordon-
nier, Lelong, ingénieur ; Lavernot, père, R. Lavernot,
Lacoste, J. Lanet, Le Vareux, Léger, Joseph Lenfant,
Lield, Ch. Lepoutre, René Laperche, Paul Le Breton,
Edmond Langlois, baron Al. de l'Epine, conseiller général de la Somme ; Alfred Leconte, bourrelier ; E. Lelong fils ; comte de Lamberty, J. du Lac, R. du Lac, baron de Lamartinière, Henry Labutor, Joseph Laga-
renne, Lamothe, Emile Léger, Lecouturier, Ch. Lesain,
G. de Léris, Lefort, boulanger ; marquis de Langle,
Loquet et sa famille, Ad. Lanne, A. de Landais et son
fils, prince de Léon, Lemoult-Garnier, M. Lambard,
V. Laignel, Lenoble, maître maçon ; Jonas Lefranc,
adjoint au maire du Tréport ; Lameille, armateur, adjoint au maire du Tréport ; comte Roger de La
Vaulx ; Londinières, Philippe Lereau, J. B. Le Duc,
comte Charles de Lur-Saluces, Albert Lecomte, cultivateur ; Lonout, Jules Lhôtelier, Alfred Leroux, Auguste Leclerc, épicier à Eu ; Loench, comte E. La-
chaud de Guimerville, Legranier, Léon Leroux, curé
de Saint-Pierre ; Et. Lelaume.

Marquise de Mac-Mahon, MM. du May, comte de

Merlemont, comte de Maleisaye, vicomte de Montréal,
du Mesquil d'Arrentière, comte de Foulques de Maillé,
barou et baronne de la Motte, M. et Mme Ch. Moisant,
vicomte de Montfort, comte R. de Montlaur, de Mieu-
les, comte de Mun, Miot, docteur Martin, Jean de Marigny, Georges Marquès, comte Wladimir de Montesquiou, comte Louis de Montesquiou, vicomte Maggiolo,
vicomte Menjot d'Elbenne, Victor Massé, Marveille de
Calvias, Emile Magnin, baron de Morell, Joseph de
Valence de Minardière, vicomte H. de Montpeou, de
Montaigu, comte de Murard, baron de Monnecove,
de Milleville, comte Jean de Montebello, baron de
Maingoval, ancien député ; comte Robert de Mun, baron de Montrond, Roger de Morlaincourt, vicomte de
Montsaulnin, baron de Montreuil, comte des Mous-
tiers, de Magneville, Morel, comte de Murard, vicomte
H. de Maupeou, A. Mallet, J. Malot, Eugène Marchan-
din, de Midardière, E. Magnin, Adèle Maria, domesti-
que ; A. Memplot, M. Menpiot, Marteaux, Malençon,
veuve Metcl, baronne de la Motte, Z. Malot, C. Mar-
chand, M. Marchand, Marie Malot, Victoire Malot,
Emma Mesnil, Henri Maqueron, de Montry, Mme de
Montagnac, Mme J. de Marigny, Merlier, Froment-
Meurice, Juliette Merlin, veuve Maugis, Miné-Bardet,
Mejassou, Moinard, comtesse du Manoir, Augustine
Mouchaux, Michallet, Mainguet, comtesse de Malher-
be, J. Moretty, du Mesgril d'Arrentières, baron de
Maudel, comte J. de Montebello, de Maiquein, F. Mou-
chy, ouvrier ; Emile Maillard, baron de Mathan, comte
E. de Malersye, Malençon, de Malleville, Mollard,
comte H. de Merode, Roger de Morlaincourt, René de
Matharel-Jayr, vicomte Meujol d'Elbenne, A. Masson,
V. Masse, Mouquet, E. Magnin, Marc Merlin, Mute
père et fils, Maves, baron de Maingeral, ancien député ;
Moratin, comte Adrien de Mirepoix, Emile Masque-
lier, vicomte A. de Morognes, Léon Marty, G. Marquis Cohen, de Milleville de Nestes, R. de Maignien-
ville , vicomte de Montfort, conseiller général;
Macré, Louis Mouchy, ouvrier ; Poirier Mouchy, ou-

vrier; Mercier, docteur J. Michellet, comte des Pierre Moustiers-Merinville, A.-F. Monchaux, Malet, L. du May, comte de Merlemont, baron de Morelle, Metet, Paul Marsan, Irénée Malot, A. de Montbrison, B. de Mas, A. de Mas, comte Renaud de Moustier, le docteur Martin, Édouard Marquet, Louis Marquet, Stéphane Marquet, Minival, Marchandin, P. Marchandin, Milon, René, Magimel, baron de Montalens, Raymond, Mallet, épicier; Henri Moneiron, les ouvriers de M. Mopin, Mainnemare, Jules Merlier.

MM. le baron V. de Noirfontaine, comte de Nicolay, Numa Flouest, Neveux, baron G. de Noirmont, Robert de Nervo, Charles de Nicoullaud, comte de Néveriée.

MM. E. Oscar, Vve Obry, L. Obry, d'Oresmieulx de Brugnières de Sainte-Opportune, Vve Ossart, Angèle Ouin, Henri Neveu, Julie Nevel-Mouquet, Pierrre M. de Néronde, Neveux, Noguès jeune, Noton, A. Obel, Odiguet, A. Ozenne, Ch. Orvil.

MM. Ernest Petit, P. du Perron, Pacossin, Mme Posière, commandant Philippod, M. et Mme Ernest Polack, G. Périer, vicomte du Puget, Prouvel, du Périer, A. de Pruynes, Henri Pigache, comte de Puyfontaine, comte du Passage, M. et Mme des Pomares, Louis de Parseval, Georges Pradel, comte Karl de Partz, colonel Ch. Perrot, comte et comtesse Jean de Puységur, Pougny, ancien préfet; A Pérignon, comte Max de Palanglart, A. Pichard, Eug. Pichard fils, comte et comtesse Camille de Pontivy; Palpied, maître d'hôtel; Prochard, Papillon, général Pourcet; L. Parmentier, Marie Pecquez, Parny, Clarisse Pauchet, Papin, C. Posthmann, Paterelle de Rom, Désirée Petit, Pardieu, Pruvot, Marg, Pochol, Perquier, veuve Pasière et ses enfants, Armand Preux, O. Payant, comte du Plessis, L. Prat, Edgar de Pommereau, Gaston Philippeau, Pallé, patron de bateau; E. Papin, A. Papin, J. de Parseval, Petit aîné, sellier; Edelin de la Praudières, Picard, A. Picro, maréchal des logis de gendarmerie en retraite; Paul du Perron, Camille Paradin, Pavillon, Perrot, L. Perrot, Maurice de Praudières, ancien

procureur général; E. Panchat, Privé, Maurice de Pran-
dière, Onésime Poussiris, J. Poyer, Poirot, garde particulier, Pouisignon; Poyer, Félix Pruvot de Fretter-
neuille, Pinoquet, vicomte du Peyroux, Perrot, rédacteur de l'*Express de Lyon*, vicomte Marc de Pully,
marquis Guilhem de Pothuau, Jaignel Henocque,
Perimont, de Praudaire, Pucien, procureur général;
Pascalis frères, Charles de Piré.

MM. le comte et comtesse Humbert de Quinsonas,
comte et comtesse de Quinsonas, Henri Quesnel, Robert Quennehon, Quevauvillier, Sophie Quennehon,
Maria Quesné, Quevol, Désiré Quéral.

MM. le comte de Rorthays, Maurice de Ranvière, ba-
ron de Roux-Larcy, de Ramel, M. et Mme Robert de
Wendel, Emmanuel de Ricard, Ernest Récamier, comte
de Rességuier, RambeJt, Mme Rimbert, de Robernier
Muffedy, comte et comtesse de Riancey, Ambroise
Rendu, comte Pierre de Rougé, comte de Rambuteau,
Joseph Récamier, baron et baronne de Ravinel, G. de
Raimbouvillé, Ed. Rivault, Alb. Le Bachelier de la
Rivière, vicomte R. de Rorthays, général baron Rebil-
lot, baron de Rabaudy-Montaussin, comte de Roma-
net, Henri Ribot, Raymond de Ravignan, Ripert, comte
de Rambouville, Léonce de la Rallaye, A. Rousset, Rou-
lans, Raudin, Emile Richard, comte Guy de la Rochefoucauld, Sincère Romey, Roulier-Breton et ses fils,
Léontine Requery, Félicie Roussel, Julie Roussel,
Germaine de Rochefort, marquise des Roys, A. Rocof-
fort, conseiller général; Fern. Ratisbonne, Renault,
bâtonnier des avocats, à Versailles; baron de Roux-
Larcy, Comte Pierre de Rougé, F. Ribar, baron de Ra-
baudy-Montoussin, E. Robinot, comte Rambert, ancien
magistrat; Ch. Romain, Patte-Romain, comte de
Riencourt, Jean de Rochefort, Louis de Rochefort, Ca
mille Reculard, F. Rembel-Bryan, Rapplex, comte
de la Rochecantin, Rontier-Tillard père et fils, Raymond Ravin, Maurice Riquier de Pessenneville,
Rousiot, Paul de Raynal, ancien substitut du procureur général près la Cour d'appel de Paris.

MM. le duc de Savran-Pontevès, J. de Seynes, princesse de Sagan, Em. de Saissel, Sorres, Sweeting, Sazerac de Forges, Léonide Sazerac de Forges, H. Serrure, M. et Mme de Songeons, René Simard, G. de Saint-Quentin, ancien préfet; Gaston de Savignies, baron de Saint-Preux, Sainte-Claire-Deville, comte et comtesse de Salvandy, E. Sénart, de l'Institut; marquis de Sesmaisons, Joseph de Samburey de Sorgue, vicomte Paul de Saisy, comte de Suzannel, comte H. de Saint-Georges, vicomte de Sapinaud, Henry de Saint-Genys, C. de Sessler, C. Séguin, René Simard, comte de Sers, comte de Savigny de Moncorps, Léon Senne, comtesse de Saint-Lieux, Souchières, Sinoquet, E. de Saissel, baronne Sabatier, comtesse de Salis, Philomène Sempy, Savary, Vve Servais, E. de Sigueur, Léonide Sazerac de Forges, baron de Saint-Paul, vicomte de Sainte-Marie du Nozet, Ch. Sonef, ancien magistrat; Ch. Sonef, avocat; baron Pierre Séguier, G. Sweeting fils, Raoul Scelles, Ch. Scelles, marquis de Sesmaisons, Georges Stincelin, Sonier-Dupré, vicomte de Sapinaud, Victor Serant, E. Souchières, vicomte de Saint-Seine, A. Sommier, comte Séguin de la Salle, L. Suisse aîné; E. Stalin, Henri Sabato; L. Salanson, conseiller général; Stoup.

MM. le vicomte de Trédern, Thomas, comte de Toulza, Henri Turol, baron du Teil, baron du Teil du Havelt, marquis de Tanlay, A. de Taisne, marquis de Tracy, comte Terray, Tripier, ancien préfet; Thureau-Dangin, D. Triquet, Henri Turot, baron du Til du Havetz de Montague, Théron, Tavernier, Amelina Touzet, Pascaline Trophardy, A. Taillandier, veuve Thiéron, princesse de la Tour d'Auvergne, Tiby, Mlle P. Taffebaut, Albertine Ternois, Tripart, Troude, Virginie Têtu-Bonnechon, Eugène Thomas, des zouaves pontificaux; duc de la Torre, N. des Tournelles, G. Tragin, Toulon, Toillier père, Ternisien, Désiré Thiébault, Léopold Thiébault, A. de Taisne, Turpin, fabricant, Anatole Touret, Jules Touret, Etienne Trubert, Thuillier Chrysogon, baron Tristan Lambert ancien député ; Turlebeaurain, comte Tarquemont, Thires, A. Thorach, Ternon, meunier.

M. Albert Uhrich.

MM. le comte et comtesse A. de Vogué, marquis de Varennes, baron de Vaufreland, Mme de Verton, Alb. Varalle, vicomte de la Villarmois, vicomte et vicomtesse de Valicourt, X. de Vaugelas, comte Max de Valanglart, duc de Vallombrosa, de Varanval, E. de Verges, comte de Villeneuve, ancien préfet; comtesse de Villeneuve, Vassard, Joseph de la Valence, A. Versepuy, marquis de Varennes, vicomtesse de Valicourt, Viette, Elise Vallier, Viel, Angelina Vaque, Martha Vatan, Vignoble, R. de Wendel, comtesse A. de Vogüé, de Verton, Albert Vairale. G. Yver, Maurice Viossat, Auger de Vesian, Jules Verne, comte Gaston de Villeneuve-Guibert, duc de Vallombrosa, Verel, Abel Vaurabourg, Vilfroy fils, Vincent, Vasseur, de Villepin d'Aubigny, Vacandare, Viette, vicomte de Vaulogé, Vairras, Alp. Verdiec, Louis Varnier.

MM. Wiallat, Cornélis de Witt et ses fils, Watel, Wailly, H. de Witasse Thézy, R. de Witasse Thézy, Wattebled-Becquet; Léopold Warnier, briquetier; Léon Wagner, ajusteur; Gustave Wolgarue, L. Wattel, Ager de Wailly, J. E. Van de Wynckele, Wanchy.

aris — Imprimerie française, 129, rue Montmartre. J. J. DI GRAVEL, imp

Pour les Commandes

écrire aux bureaux du SOLEIL

42, rue Notre Dame des Victoires, 42

PARIS

L'Exemplaire : 0 fr. 20 cent.

Le cent   15 francs

DEGRAVEL, IMPRIMERIE FRANÇAISE

123, rue Montmartre, 123

PARIS

www.ingramcontent.com/pod-product-compliance
Lightning Source LLC
Chambersburg PA
CBHW070932280326
41934CB00009B/1850